LK 9356

NOTE
SUR LE PROSPECTUS
DE LA SOCIÉTÉ
POUR L'ABOLITION
DE
L'ESCLAVAGE.

NOTE

SUR LE PROSPECTUS

DE LA SOCIÉTÉ

POUR L'ABOLITION

DE

L'ESCLAVAGE.

PAR A. FOIGNET.

Paris,

IMPRIMERIE DE J.-R. MEVREL, 54, PASSAGE DU CAIRE,
Au coin de la petite galerie Ste-Foy.

1835.

Un honorable député, l'un des fondateurs de la *Société pour l'abolition de l'esclavage*, vint m'annoncer que la commission, qui se réunit à la quésture de la chambre, desirait m'entendre, et me priait de lui donner des renseignemens sur la haute question de l'affranchissement des noirs. Je n'hésitai pas à répondre à cette marque de confiance, qui m'honore.

Ma démarche a été diversement interprêtée : elle a excité tout à la fois le blâme et l'approbation. On m'a fait dire moins ou beaucoup plus que je n'ai dit. On m'a prêté des intentions que je n'eus jamais.

Pour ne laisser aucun prétexte à de fausses suppositions, je rends publique la note que j'ai lue à la commission, telle qu'elle a été rédigée, *à la hâte*, du jour au lendemain.

Elle n'est peut-être point parfaitement d'accord avec quelques opinions métropolitaines ou coloniales ; mais de ma part, c'est un acte de conscience et de conviction.

A. FOIGNET.

Ancien délégué de la Guadeloupe.

NOTE

SUR LE PROSPECTUS

DE LA SOCIÉTÉ

POUR L'ABOLITION

DE

L'ESCLAVAGE.

Il ne suffit pas de publier un projet de réforme et d'amélioration, il faut encore, pour inspirer la confiance et obtenir le concours des hommes de bien, expliquer clairement quels moyens on entend employer pour y parvenir. Sous ce rapport, le prospectus ou programme qui a été imprimé, bien que rédigé dans des termes qui ne laissent aucun doute sur les pensées généreuses et philanthropiques de ses auteurs, est vague, incomplet. Peut-être n'était-il pas opportun de s'expliquer davantage : il faudra le faire bientôt, sous peine de ne pas être compris, ou, ce qui est plus dangereux, d'être mal interprété.

La Société que l'on veut fonder, pour répondre à l'importance de sa mission, aura des directeurs, peut-être des collectes, une caisse de fonds, une administration, des agens, des correspondans. Il faudra s'entendre, et pour cela, se réunir, délibérer, prendre des résolutions, etc. Elle aura dès lors tous les caractères d'une association. Entend-elle, dans ce cas, agir en dehors de la loi commune ou avec une autorisation légale ? c'est la première question que feront ceux que l'on désirera y agréger.

N'est-il pas à craindre que les opposans à ses projets, ou ses détracteurs, ne disent : il n'est pas permis à des ouvriers de se réunir, sans autorisation, pour s'entendre sur leurs propres intérêts. De quel droit des personnes honorables sans doute et bien intentionnées, s'occuperaient-elles de questions, d'intérêts qui leur sont étrangers, et provoqueraient-elles des mesures qui peuvent jeter la crainte, la méfiance dans le commerce, l'agriculture coloniale, semer des espérances chimériques au sein des ateliers, et, avec elles, des élémens de troubles et d'insurrection? Je sais ce que l'on pourrait répondre : ce n'est pas le moment de le faire, pas plus qu'il ne convient d'examiner la législation actuelle, sur ou contre les associations; mais, quelle qu'elle soit, cette législation, elle existe, et s'y conformer serait déjà faire acte de conviction, de bonne intention, et calmer peut-être bien des craintes.

L'autorisation ne sera pas accordée, dira-t-on ? c'est peu probable. Dans tous les cas, un refus apprendrait à la société qu'elle devrait adopter une autre marche et d'autres moyens.

L'abolition de l'esclavage, quoique l'on puisse dire et faire, se compliquera toujours de la question de propriété.

L'émancipation générale ou graduelle des noirs, quelque mode que l'on adopte, par quelques motifs généreux qu'on la justifie, n'en sera pas moins une expropriation pour cause d'utilité publique, ou si l'on veut, de morale publique, et, l'indemnité surgira sans cesse, avec toute la force du droit acquis, puis encouragé, enfin du droit sanctionné.

Le prospectus a gardé le silence sur cette question : Ce

n'est pas la moins importante, non-seulement pour les colons, mais pour leurs créanciers qui sont en France, pour le commerce qui continue ses relations et ses avances.

Que l'on ne s'explique pas, dès à présent, sur la quotité, ni même sur l'espèce de l'indemnité, cela se conçoit, parce qu'ils sont sujets à controverse; mais ne point proclamer hautement le principe d'une juste indemnité; c'est, malgré le précédent de l'Angleterre, faire suspecter une violation du droit de propriété ; c'est surtout, selon moi, rendre impossible toute transaction et toute amélioration.

Je ne sais s'il est réservé à notre époque de proclamer l'abolition de l'esclavage ; elle peut du moins, par des mesures sages et lentes, préparer, hâter l'affranchissement graduel des noirs.

Les personnes qui ont long-temps habité les colonnies, affirmeront que la génération actuelle, n'est pas mûre pour la liberté ; elle est loin d'être aussi avancée en civilisation que celle des colonies anglaises, par exemple, où beaucoup de noirs savent lire et écrire, ont des états, des métiers. Un affranchissement brusque, loin d'être utile à ceux dont on cherche à améliorer le sort, n'aurait donc pour effets irréparables, que l'abandon des cultures et le retour à tous les vices, à tous les excès de la vie barbare.

Ceux d'entr'eux qui par exception pouvaient être appelés à la liberté, en jouissent déjà. En effet, de 1830 à 1834, 23,268 libertés ont été accordées, gratuitement, par les colons. Voilà un affranchissement graduel, qui ne coûte rien à la France, et qu'il faut encourager. Nous examinerons plus tard, si l'état social de ces affranchis présente une amélioration, et s'il n'y a rien à faire pour venir à leur secours.

C'est donc sur la génération à venir qu'on peut fonder

des espérances ; c'est elle qu'on doit préparer à des chan-
gemens, à des améliorations. Ce ne sont point des théories
absolues et tranchantes qu'il convient d'adopter ; ce sont
des *essais préparatoires* qu'il faut tenter avec prudence.

Parmi ces essais, je citerai comme moyens : 1° L'instruction religieuse et civile ;

2° Favoriser les unions légitimes ; créer ainsi des liens,
des besoins, des obligations de famille ;

3° Encourager le travail libre ; encourager les épargnes
et les utiliser.

Avant de développer ces essais préparatoires, il convient de s'expliquer sur la forme, les voies à suivre pour
leur adoption.

La loi du 24 avril 1833, sur le régime législatif des colonies, a confié aux conseils coloniaux, tout ce qui tient
au régime intérieur des ateliers. La même loi a délégué au
roi, le pouvoir de statuer par ordonnances « Les conseils
« coloniaux ou leurs délégués, préalablement entendus,
« sur les améliorations à introduire dans la condition des
« personnes non-libres, qui seraient compatibles avec les
« droits acquis. »

Il est clair, dès lors, que ces améliorations ne peuvent
être l'objet de mesures législatives des chambres. Une pro-
position, dans ce sens, serait nécessairement repoussée
par un ordre du jour.

Ce n'est pas à dire que les Chambres doivent rester in-
différentes sur toute amélioration désirable et possible ;
mais l'examen des autorités coloniales est un préliminaire
nécessaire , je dirai plus, leur concours est une condition
indispensable de réussite.

On a beaucoup parlé de l'opposition des colons, à
toute amélioration au sort des esclaves. Il y a, dans ce re-
proche, tout à la fois erreur et exagération. D'abord, le

nombre, toujours croissant des affranchissemens volontaires, y répond d'une manière victorieuse. Ensuite, l'expérience ne devait-elle pas les rendre méfians et craintifs?
Pour ceux qui ont étudié l'histoire des colonies, il est dé-
montré que presque toutes les mesures prises par la France,
sans consultation préalable sur les lieux, ont porté à faux;
ont occasionné des désordres quelques fois sanglans; elles
ont été inexécutables, ou bien leur exécution n'a été possible, qu'après de nombreuses modifications, que les lo-
calités, mal connues, ont nécessitées.

Tandis, au contraire, que toutes les améliorations, qui
ont pris naissance sur les lieux, ont été reçues par les
populations avec confiance, ont été exécutées sans obstacles ni réclamations. C'est ainsi qu'à la Guadeloupe, bien
avant que la métropole y eût pensé, des arrêtés locaux
prescrivirent les conclusions orales des procureurs généraux et du roi ; les débats publics, en matière criminelle,
et accordèrent des défenseurs officieux aux esclaves : et,
à cette époque, sous l'empire de l'ordonnance de 1670,
c'était un pas immense. Plus tard, on a vu les gouver-
neurs, après avoir consulté leurs conseils, nommer des
hommes de couleur officiers dans la milice, etc., etc.

Tout devient facile avec le concours des assemblées
coloniales, tout se simplifie, tout, jusqu'à la question
d'indemnité, qui s'effacera pour la France, quand les
colonies, de leur plein gré, adopteront des améliorations.

Les conseils coloniaux, créés par la loi du 24 avril 1833,
doivent d'ailleurs offrir à la France plus de garantie que
les anciens conseils généraux et privés. Les membres en
sont plus nombreux; ils sont nommés par élections. Avant
de les croire opposés à toute amélioration, il faut au moins,
les mettre à même de manifester leur vœu ; or, à peine

en 1835, la loi du 24 avril sera-t-elle en vigueur dans toutes nos possessions d'outre-mer.

On doit croire aussi que le gouvernement saura user d'une influence salutaire sur ces nouvelles assemblées, et si facile à exercer dans les colonies. Les chambres elles-mêmes n'en ont-elles pas chaque année l'occasion? La loi de douanes, chaque fois qu'elle est discutée, ne remet-elle pas en question la prospérité ou la ruine des colonies? Une réduction sur les droits des sucres français est une mesure qui semble devoir satisfaire tous les intérêts, sans porter atteinte à ceux du trésor : que les chambres l'adoptent, qu'elles assurent *le bien-être matériel* aux colonies, et bientôt des améliorations progressives seront faciles.

Je reviens aux essais que j'ai indiqués.

On connaît trop bien l'influence de la religion catholique, la douceur de sa morale, pour avoir besoin de démontrer l'utilité d'une instruction préparatoire, élémentaire, mise à la portée des noirs; cette amélioration qui peut s'étendre à d'autres connaissances élémentaires, est possible; elle est sans danger. Les détails d'exécution ne sauraient trouver place dans une simple note.

L'esclave ne possède rien en propriété : tout appartient à son maître. Cependant, il n'existe pas un colon qui n'ait autorisé son esclave à se procurer un certain pécule dont il dispose comme bon lui semble. C'est une tolérance; il faudrait en faire un droit *dans certains cas et sous certaines conditions.*

Ainsi, peu de nègres se marient, bien qu'ils le puissent, avec l'autorisation de leurs maîtres. Leur libertinage et d'autres causes les éloignent de cet engagement. Il faut quelquefois intéresser l'homme à faire bien; si ce précepte n'est pas d'une morale rigoureuse, son application du moins est d'une utilité incontestable.

Le mariage religieux, avec l'autorisation des maîtres, devrait être la récompense de bons services, d'une bonne conduite. On ne devrait le permettre qu'à ceux qui se distingueraient par quelques germes de morale, un commencement d'instruction, la lecture, l'écriture, une industrie, ou tout au moins un travail régulier.

Cet acte ne changerait pas la condition de l'esclave, à l'égard du maître ; et cela, dans l'intérêt même des mariés et de leurs enfans, qui auraient toujours en échange de leur travail, leur logement, leur entretien assuré, ainsi que des soins lorsqu'ils seraient malades, vieux ou infirmes.

Les seuls avantages attachés au mariage religieux, seraient :

1° D'adopter un nom de famille, transmissible aux enfans.

2° D'avoir en toute propriété, également transmissible aux enfans, tout le pécule qu'ils pourraient amasser.

3° De placer et faire valoir ce pécule de la manière et sous la surveillance ci-après indiquées ; d'en disposer pour leur rachat, ou celui de leurs enfans.

Les obligations de ce contrat devraient être simples ; à l'égard des enfans, il suffirait peut-être d'imposer celles de leur apprendre à lire, à écrire, un état ou un métier.

Là, s'arrêteraient les effets du mariage ; et pour bien expliquer ma pensée, je dirai : La famille se composerait des père, mère et des enfans ; au-delà, je n'admettrais aucune successibilité. On objectera : Vous posez le principe de la famille, et vous en refusez toutes les conséquences. Je répondrai : Il n'est pas temps de faire plus ; c'est un essai.

D'autres avantages seraient accordés aux mariés ; par exemple : d'être choisis par les maîtres, non de droit et exclusivement ; mais autant que possible de préférence, pour remplir des emplois de confiance tels que ceux de commandeurs, infirmières d'hopital, cuisiniers, domestiques, gardiennes d'enfans, etc.

Après y avoir long-temps réfléchi, il ne me paraît pas impossible d'établir aux colonnies, des caisses d'épargnes. Le seul danger sérieux qu'elles puissent présenter, serait la crainte de porter les esclaves au vol, à la rapine, pour se procurer un pécule qu'ils placeraient à leur profit.

Le moyen de prévenir cet abus est facile. Il suffirait de prescrire qu'aucune somme ne serait reçue à la caisse d'épargne sans l'autorisation du maître, et sans son attestation constatant l'origine légitime de l'argent présenté.

L'administration du pécule et son emploi seraient sous le patronage du maître : leur surveillance, si elle devenait nécessaire, serait confiée aux agens du ministère public. S'il s'élevait des débats, c'est entr'eux *seuls* qu'ils seraient décidés.

Une caisse d'épargne, bien surveillée par l'autorité locale, bien administrée, qui recevrait des dépôts modiques, dont les intérêts seraient calculés sur le taux d'usage dans le commerce, peut être d'une grande influence et donner d'heureux résultats.

Tel est le genre d'essais préparatoires que je croirais possible de soumettre à l'examen et à la sanction des conseils coloniaux : et tout simples qu'ils puissent paraître ici, leur application nécessitera de nombreuses dispositions, des précautions appropriées à chaque localité.

Si malgré le secours de la religion, les avantages des mariages, d'un pécule transmissible, d'une caisse d'épargnes, du droit de rachat *limité*, on ne parvient pas à créer des liens, des obligations de famille, l'habitude du travail, des économies ; les hommes de bien et de progrès devront s'arrêter et dire : les temps ne sont point venus.

Avant de provoquer des mesures générales, il faut se fixer, 1° sur le but et les résultats du bill d'affranchissement décrété par l'Angleterre ; 2° sur la situation des nouveaux affranchis dans les colonies françaises; 3° sur l'état actuel de l'esclavage depuis la cessation de la traite, dans nos possessions d'outre-mer.

§ 1er.

Le bill anglais n'est pas un affranchissement : c'est un véritable servage substitué à l'esclavage, plus la conservation de tous les moyens coërcitifs pour assurer le travail forcé des prétendus libres. Du reste, le principe d'une indemnité n'a pas fait question chez nos voisins, et les législatures coloniales ont bien expliqué, que si les mesures du gouvernement ne garantissaient pas le travail des libérés, l'indemnité devra s'étendre à la valeur des usines et des terres, qui, faute de bras, se déprécieraient et deviendraient presque nulles.

L'Angleterre qui, depuis plus de quarante ans, prépare ses populations des colonies, progressivement, à l'affranchissement, n'a pu encore, en 1833, adopter qu'une mesure *transitoire* par laquelle elle a dit aux noirs : vous serez libres, mais vous travaillerez. *Liberté et travail,* telles sont les deux idées connexes, inséparables que l'on va essayer pendant cinq ou sept ans d'apprentissage, de faire comprendre à ces nouveaux néophytes de la liberté. En même temps, le gouvernement proclame, en faveur des propriétaires, le principe d'une juste indemnité.

Quelle lenteur ! quelle sage défiance ! et nous, si arriérés ; nous, qui n'avons pris aucune des précautions de nos devanciers, nous voudrions marcher sur la même ligne, lorsqu'il nous suffira de profiter de leur expérience? Sachons donc attendre qu'elle soit acquise et certaine, cette expérience. Des désordres sérieux ont eu lieu dans plusieurs colonies anglaises ; le sang a coulé au nom de la liberté ; les premiers actes des libérés ont été refus de travail, incendie des usines. On annonce un quart en moins dans les récoltes 1835... Ces faits méritent la peine qu'on les étudie... Je le répète : préparons, et sachons attendre.

En fait de colonies, la position de la France ne ressemble nullement à celle de l'Angleterre. Celle-ci peut tenter des essais sur ses Antilles, sans que ses possessions de l'Inde ne s'en ressentent : et si la prépondérance sur le commerce du sucre, qu'elle convoite depuis si long-temps, pouvait être assurée par la perte de ses petites colonies *et des nôtres ;* philanthropie à part, elle pourrait bien s'en consoler.

§ 2.

De 1830 à 1834, vingt-trois mille deux cent soixante-huit affranchissemens ont été accordés volontairement et sans indemnité par le gouvernement et les colons : la position des affranchis s'en est-elle améliorée? on va en juger.

Dans les colonies, il n'y a pas ou presque pas de petites propriétés, de petite industrie : ce sont de grandes plantations en cannes à sucre, en cafiers, sur lesquelles sont construits des bâtimens, des usines d'une valeur considérable. Etablissemens tout à-la-fois agricoles et manufacturiers, où se trouvent des esclaves, ouvriers et laboureurs, qui suffisent à leur exploitation. Les nouveaux affranchis ne trouvent là aucun travail, aucune occupation.

Le grand commerce d'échange avec la France, les États-

Unis ou les possessions espagnoles, exige des capitaux. Le petit commerce y est fort restreint ; il est déjà occupé. Ce n'est pas là non plus une ressource pour les nouveaux libres.

Quant aux états ou métiers, dans les villes et bourgs, il y a une telle concurrence, qu'il ne faut pas songer à les professer. Autrefois, on pouvait encore essayer d'être tailleur, cordonnier, chapelier, menuisier, ébéniste, etc.; mais aujourd'hui tous les objets d'ameublement, d'habillement, arrivent de France confectionnés, et à si bas prix, que vouloir lutter serait perdre son temps et son argent.

Ajoutez à ces obstacles la nonchalance, la paresse des nouveaux affranchis, et l'on ne sera plus étonné d'apprendre que beaucoup d'entr'eux n'ont d'autres ressources que la chasse, la pêche ou la générosité de leurs anciens maîtres, auxquels ils ont recours, ou même l'assistance des esclaves, auxquels on présente ce singulier spectacle de civilisation, d'hommes libres, dont la coalition est pire que la leur, et qui donneront pour la première fois, dans les colonies, l'exemple du fléau de la mendicité.

Oui, on a fait des hommes libres, avec cette imprévoyance ; sans leur assurer aucun travail, aucune occupation : était-ce impossible autrement ? je ne le pense pas.

1°. Il existe encore dans les colonies, des terres en friche; il fallait les concéder sous certaines conditions de défrichement, et vaincre la répugnance des affranchis pour les travaux de la culture. La tranquillité publique permettait même de provoquer, d'exiger des engagemens pour un travail libre.

2°. Qui empêche, pour les hommes jeunes et bien constitués, les enrôlemens volontaires dans certains corps d'armée ; pour Alger, par exemple ? Il suffirait de quelques encouragemens, de légers avantages.

3°. On a fait, dans quelques endroits, à la Guadeloupe, des essais de la culture du ver à soie, qui donnent les plus belles espérances : pourquoi ne pas venir au secours de cette nouvelle industrie, et d'autres semblables, qui permettraient d'utiliser les petites propriétés, d'employer les bras des nouveaux libres, surtout les femmes et les enfans, à des travaux proportionnés à leurs forces?

Quoiqu'il en soit de l'avenir, il est certain, quant à présent, que les nouveaux affranchis, qui peuvent être considérés comme l'élite de la classe à laquelle ils ont appartenu, sont plus misérables que les noirs esclaves. C'est une expérience qui ne sera pas perdue, il faut l'espérer, lorsqu'on s'occupera de changer le sort de ceux-ci.

§ 3.

Du reste, le sort de l'esclave s'est beaucoup amélioré moralement et physiquement, surtout depuis la cessation de la traite. Il serait injuste de juger l'administration des ateliers par quelques délits, quelques abus, qui se commettent là comme partout ailleurs, et que les tribunaux savent punir, réprimer.

Aujourd'hui, le noir attaché à la culture, comprend mieux sa position ; il calcule très-bien qu'il reçoit en échange de son travail la nourriture, un logement, un entretien, des soins quand il est vieux ou malade ; que le produit de son jardin, de sa petite basse-cour, de son travail, dans les jours et les heures qui lui appartiennent, est pour lui un profit net. Il ne sera pas le dernier à redouter un changement de position, qui, sous l'attrait de la liberté, lui imposera toutes les charges de la vie, l'inquiétude, les embarras d'avenir qui ne regardent que son maître.

Un exemple suffira ; je le tire de la Guadeloupe. Il existait sur l'habitation du gouvernement dite Saint-Charles, des noirs provenant de bâtimens de traite, anciennement capturés : l'ordre vint de les libérer ; un navire devait les transporter à Cayenne pour y jouir de leur entière liberté. La plupart d'entr'eux s'y refusèrent. Ils voulaient rester tels qu'ils étaient avant leur libération, attachés aux cultures de Saint-Charles. Le croira-t-on ? il fallut employer la force armée pour les obliger à être libres.

Mon assertion de l'amélioration du sort de l'esclave, sera contredite par d'autres assertions : soit. Je n'ai la prétention d'imposer mes convictions à personne. Mais veut-on franchement éclairer la France, veut-on connaître la vérité ? J'indiquerai alors un moyen que tous les hommes de bonne-foi s'empresseront d'adopter. Que l'on provoque une *enquête parlementaire ou administrative,* peu importe, sur l'état actuel de l'esclavage, sur les améliorations possibles, compatibles avec la sûreté publique des colonies, avec les droits acquis, les intérêts généraux de commerce et d'industrie en France.

Qu'une commission soit nommée, qu'elle se compose d'hommes instruits, qui ont consacré leurs soins et leurs veilles à l'étude de cette haute question ; qu'ils s'adjoignent des hommes pratiques qui ont vieilli avec l'expérience des lieux et des choses : que cette commission parcourt plusieurs de nos colonies ; qu'elle recueille toutes les opinions ; qu'elle consulte avec prudence toutes les positions, tous les intérêts.....

Et quand, revenue en France, elle dira à la chambre, à la nation : telle chose est ; tel abus n'existe pas : telle mesure est juste, possible ; telle autre impraticable, dangereuse : aucune voix ne s'élèvera pour contredire. On saura ce que l'on peut faire et où l'on doit s'arrêter.

A. FOIGNET.